COLLECTION BAZOU

Le rêve de Djak

Texte et illustrations
Pascal Élie

LES ÉDITIONS DE LA
BAGNOLE

Comme la plupart des petits garçons de son âge,
Djak souhaitait avoir un chien.

Il en rêvait chaque nuit.

En effet, son papa se montrait parfois terriblement intransigeant. Par exemple, lorsqu'il lui avait bêtement interdit de conduire la voiture au retour de l'école...

Ou quand il avait outrageusement refusé de garder Caligula, son magnifique bonhomme de neige, dans le frigo pour l'été.

Et même, il avait interrompu ses expériences sur la combustion des matériaux...

«NON! NON! ET NON!»
C'était toujours «NON!»
avec papa.

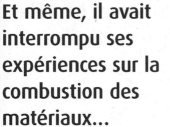

La maman de Djak, par contre, était belle, douce, gentille et beaucoup plus intelligente que son papa, car le plus souvent elle disait : « Oui, mon trésor ! », quand Djak lui demandait une permission.

Par exemple, elle ne refusait jamais de lui faire une place dans son lit quand il était incapable de s'endormir seul dans sa chambre.

Elle lui gardait toujours le dernier morceau de gâteau.

Elle savait le consoler quand il se faisait mal.

Oui, vraiment, elle comprenait bien son petit Djak!

Le lendemain, à son réveil, Djak s'empressa donc d'aller trouver sa maman pour lui faire sa demande.

À sa grande surprise, au lieu du «Bien sûr, mon trésor!» auquel il s'attendait, sa mère lui répondit:

Catastrophe! C'en était fait de son rêve. Il avait autant de chances de convaincre son père de lui acheter un chien que de trouver des dents dans le bec d'une poule!

Au petit déjeuner, il n'osa pas ouvrir la bouche.
Il se sentait minuscule à côté de son papa.

En route pour l'école, Djak imagina plusieurs stratagèmes pour faire entendre raison à son papa. Mais aucun ne semblait vraiment réalisable.

À la cafétéria, le midi, son copain Fabio remarqua qu'il avait l'air morose. Pour lui remonter le moral, il lui offrit un morceau de chocolat.

– Quoi? T'as du chocolat, toi? demanda Djak.

– Non, mais lui, il en a! répondit Fabio en pointant un prof assis à la table d'à côté.

Il s'appelait Gontrois et enseignait les maths. On le disait rigide comme une règle à mesurer. Aussi, Djak dit à Fabio :

– T'as autant de chances de lui soutirer du chocolat que de trouver des dents dans le bec d'une poule !

– Pas si je m'y prends de la bonne manière ! Regarde-moi faire !

S'approchant de Gontrois, Fabio commença :

– Hé ! M'sieur Gontrois, j'ai encore faim. Voulez-vous me donner votre sandwich ?

– Mon sandwich ? Mais mon petit Fabio, si tu me soustrais mon sandwich, mon énergie s'en trouvera divisée ! Et alors, je multiplierai les erreurs pendant la leçon de cet après-midi !

– Donnez-moi votre gâteau, alors !

– Dessert égale caries ! Négatif !

– Du chocolat? Ça, vous pouvez bien me l'accorder!
insista Fabio.
– Bon, d'accord! Une fraction! Mais tu me laisses
tranquille maintenant!

– T'as vu la technique ? dit Fabio à Djak en lui montrant fièrement deux bouts de chocolat.
– Fabio, t'es un artiste ! s'exclama Djak, admiratif.

Emballé par cette démonstration magistrale,
Djak ne se tenait plus! Il avait hâte d'expérimenter
la technique de Fabio!

Son papa était confortablement installé dans le salon.
Djak y entra doucement et dit:
  – Papa, est-ce que je peux te demander quelque chose?
  – Quoi donc? répliqua le papa.

– J'aimerais avoir un serpent. Est-ce qu'on peut avoir un serpent, papa? S'il te plaît, papa! Dis oui!
– UN SERPENT! s'exclama le papa. Mais c'est beaucoup trop dangereux!

– Un éléphant, alors? Allez, sois gentil! Dis oui, papa!
– UN ÉLÉPHANT! Mais ça prend
beaucoup trop de place!

– Alors, tu n'aimes pas les animaux, papa?
– Bien sûr que j'aime les animaux. Mais enfin, Djak, les serpents, les éléphants, ce ne sont pas des animaux domestiques!
– C'est quoi, un animal domestique?
– Eh bien, c'est un animal qui vit près des humains...
– Comme un chien?
– Oui! Un chien!

– UN CHIEN! YOUPI! MAMAN! PAPA A DIT OUI! UN CHIEN!
hurla Djak en courant hors de la pièce.
– Hé! Une petite minute, là... commença le papa.

Mais devant tant de joie, le papa décida de ne rien ajouter.

Les jours suivants, Djak et ses parents visitèrent plusieurs chenils...

...mais aucun chien ne leur plaisait vraiment...

...jusqu'à ce qu'ils aperçoivent, assis dans un coin...

...un drôle de petit chien noir à l'air hirsute.

– Regarde, papa, il a une moustache pareille à la tienne !
fit observer Djak.

Le petit chien semblait avoir compris. Il sauta au cou du papa et lui lécha le visage comme pour le couvrir de bisous.

Ce fut décidé : ils l'adoptèrent et le baptisèrent Fritz.

– Merci papa, dit Djak. T'es le plus gentil de tous les papas!

DANS LA MÊME COLLECTION:
Djak à la mer

COLLECTION KLAXON:
Miro et les canetons du lac Vert
Deux biscuits pour Sacha
Un secret pour Matisse
Émilie la Mayou

COLLECTION TAXI:
Je suis fou de Vava
(Prix littéraire du Gouverneur
Général 2006)

Le rêve de Djak
a été publié sous la direction
de **Jennifer Tremblay**.

CONCEPTION GRAPHIQUE:
Philippe Brochard

PRODUCTION GRAPHIQUE ET IMPRESSION:
Marquis imprimeur inc.

© 2007 Pascal Élie et les Éditions de la Bagnole
Tous droits réservés

ISBN 978-2-923342-10-8
DÉPÔT LÉGAL 2007
Bibliothèque et Archives nationales du Québec
Bibliothèque nationale du Canada

LES ÉDITIONS DE LA BAGNOLE
Case postale 88090
Longueuil (Québec) J4H 4C8
www.leseditionsdelabagnole.com

Imprimé au Québec